夜をあゆむ

聞いて、悩んで、児童に寄り添った60年

安部利一

22世紀アート

まえがき

私は児童相談所やスクールカウンセラーとして、さまざまな境遇の子どもたちに向き合う児童福祉の仕事を六十年近くやってきました。

最初からこの仕事を目指して勉強してきたわけではなく、こういう人生を歩んだのはある面ではなりゆきのようなものでしたが、それでも私が幼少の頃からの環境に、その後の仕事につながる要素が育まれていたのかもしれません。

今から振り返ると、その要素の一つはわが家の貧困だったと思います。それは私の内面にある種の反骨精神のようなものを植え付け、同じような恵まれない経済環境にある人に対する共感をもたらしました。

もう一つの要素は、私が幼い頃から目が不自由であったということです。私は先天的に強度の近視で、おまけに斜視でしたが、六歳のときの事故により、左目は失明、右目も弱視という状態になりました。

そのために友だちと草野球で遊ぶこともできず、私はかなり屈折した幼少時代を送ることになりました。私は短気で、すぐに怒りを爆発させる扱いにくい子どもでした。ケンカも日常茶飯事でした。

そんな境遇が私に差別や偏見に対する感覚を育てたのだと思います。

本人の努力でどうにかできることだったら、いくらでも努力をすればいいと思います。しかし、本人がいくら努力してもどうにもならないことが世の中にはたくさんあります。

その代表的な例が家庭環境です。親が子どもをいびり、暴力をふるう。それは子どもの側からの努力だけではどうにもなりません。子どもたちの間でのいじめも同じです。

私はそういう理不尽な不幸に対して、心の底から反発を覚え、自分の力で何とかしたいと思うようになりました。

キザっぽく言えば、それはある種の正義感なのかもしれません。また、もしかすると目の前の不幸が自分の過去を思い出させるための劣等感なのかもしれません。

ともかく、私は小学生の頃から、いじめられる人を守りたい、かばいたいと思う子どもになっていました。

それがふとした縁で児童相談所への勤務につながり、私の長い旅路が始まりました。幼い頃には我が家の生活を支えてくれた伯父に大きな影響を受け、大人になってからは妻に支えてもらいました。そして何より、私が関わった人たちから励まされ、褒められ、叱られて今日まで来ることができたのだと思っています。

私が子どもたちとの関わりの中でどれだけ成長し、温もりをもらってきたかを本書で伝えることができたら、そして本書を読んだ人の中から、明日の子どもたちを支える人が出てきてくれたら、著者としてこれほどうれしいことはありません。

二〇二一年八月

安部利一

目次

第一部　児童に出会うまで

奥出雲に生まれて

私は島根県の東部にある奥出雲で生まれ育ちました。山陰の、海からはかなり離れた豪雪地帯です。

私の父は、心臓弁膜症の持病があるため病弱で、働いて一家を支えることができませんでした。代わりに父の長兄である伯父が、わが家の面倒を見てくれていました。

当時は家父長制といって、一家の長男が親の面倒を見て家を支えるのが当然とされていた時代でした。しかし商才のあった伯父は家を出て海運業に没頭しており、経済的な面倒を見てもらうのと引き換えに、三男である父が家や土地の管理、親の世話などを切り盛りしていました。

そういう形なので、わが家は伯父の下男、使用人のような立場でした。たとえば私は伯父の子どもたちであるいとこと対等ではなく、向こうが意識していなくても常に一歩引いた態度で接していました。

伯父は私に対しても高圧的な態度で、将来は教員か公務員のような堅い仕事に就いて、早く親の面倒を見るようにと、幼少の頃から言われていました。幼い頃から将来へのレールが敷かれていたようなものです。

一方で、弱者で貧乏だった私の両親は、私に無形の財産を残してくれました。それは、「誰に対しても分け隔てなく、優しく接する心」です。

当時の出雲地方には、独特の差別意識がはびこっていました。村の中で浮いている家、たとえばよそから引っ越してきて財を成した家などを「狐持ち」と陰で決めつけ、村八分にするのです。いわば社会全体による「いじめ」です。

「狐持ち」とレッテルを貼られた家は、縁組みが拒否されたり、何かにつけて共同体から弾かれるような妨害を受けたりしました。泣く泣く引っ越して行ったり、思い詰めて一家心中してしまったりする家もありました。

でも、私にはそういう差別意識は根づきませんでした。自分たち自身が弱者だったために、差別される人の痛みに寄り添うことのできた両親のおかげだと思っています。社会的には弱者に属する私の両親でしたが、人を蔑むような言動は一度も聞いたことはありませんでした。

近所に引っ越してこられた夫婦が、何があったのかはわかりませんが、ひと月ばかりで他地域に再び引っ越して行きました。私がそのお手伝いをしたとき、その夫婦からこんな言葉がかけられました。

「安部さんから人の悪口を聞いたことは一度もない」

その夫婦のことはもうほとんど覚えていませんが、その言葉だけが強烈に私の記憶に残っています。

目の事故で障がいを持つ

母は畑仕事に精を出し、家族が食べるための米や野菜を作っていました。しかしそれは現金収入にはなりません。母はお金が必要になると、仕方なく伯父に無心していました。畳に頭をこすりつけて伯父に頼んでいる母の姿を見るたびに、私は何とも言えないみじめな気持ちになりました。

そんな母にさらにつらい思いをさせる事件が起きました。私の目の事故です。

その日、小学校一年生だった私は、火鉢で栗を焼いていました。父が時々、仕事帰りに拾ってきてくれる栗です。終戦の年ですから、食糧事情は最悪です。小さな栗でも、子どもにとっては大切なおやつでした。

一つずつ焼くのが面倒だからと、渡された栗を全部炭火に埋めたせいか、栗はなかなか焼けません。まだか、まだかとはやる気持ちを抑えきれず、私は火鉢に顔を近づけ、覗き込んだのです。

その瞬間、栗が爆ぜました。私の両目に真っ赤な炭火が飛び込んできました。私は大声で叫びながら、転げ回りました。ただ事でないその声を聞きつけ、蔵でそばを打っていた母が飛んできました。そして泣き叫ぶ私を背負って、川向こうの医院に駆け込みました。

医師は両目に大やけどを負っている私を診察すると、すぐに松江の病院に向かうように指示しました。まだ終列車に間に合うから、すぐに行けと。

母は冷たい雨の降る中、私を背負って松江の病院に駆け込みました。ただちに治療が始まりましたが、私の目は大きなダメージを受けており、回復することはありませんでした。

左目は完全に失明。右目はどんなに眼鏡で補正しても〇・三が限界。いわゆる弱視になってしまったのでした。私はもともと強度の近視と斜視があり、目が弱い体質でした。それが、この事故で追い打ちをかけられたわけです。

母は「自分がちゃんとそばにいてやらなかったから」と自分を責め続けました。そして教科書の文字が小さすぎて読めない私のために、すべてを大きな読みやすい字で書き直してくれました。

目のために性格が屈折

それから教室の一番前の席が私の指定席になりましたが、それでも黒板の字はよく見えませんでした。それよりも困ったのは、今まで通りの友だちづきあいができなくなったことです。草野球では球が見えないので、三振の山。守備ではエラーばかりと、味方の足を引っ張り、上級生から文句を言われました。

そんなわけで友達の輪には入りにくくなり、友人の何気ないひと言で傷つくことが多くなりました。私は次第に屈折し、短気ですぐに怒りを爆発させる子どもになっていきました。ただし殴り合いのケンカはせず、生意気なことを言ったり、相手を投げ飛ばしたりするくらいでした。

特に私は自分が納得できないことについては頑固に我を通しました。その傾向は今もなお続いていると思います。その典型的な例が、小学校三年生のときの皆勤賞事件です。

そのころ、小学校では皆勤の児童に皆勤賞を与える制度がありました。私は三年生のときに授与候補になりましたが、じつは夏休みの登校日に学校を休んでいたのです。そのことを言うと先生は「夏休み中だから、それは別だ」と言い、級友たちも「くれると言うんだから、もらったらいい」と言いました。

しかし私は断固拒否しました。夏休み中であれ、登校が決められている日に休んだのだから、自分には皆勤賞をもらう資格がないと確信していたからです。もしかすると、そういう頑固さがケンカにつながっていたのかもしれません。

そのうちにだんだんと、私の目は社会的弱者に対する差別や偏見へと向いていきました。そして、それに反発心を覚えるようになったのです。

社会的弱者に目を向ける

それを最初に意識したのは、小学校三年生のときでした。知的障害と多動をもつクラスメイトのヒロくんが登校してきて教室で暴れ、まわりから行動を責められたことがありました。私は思わずその子をかばい、「そこまで怒らなくてもいいじゃないか」とみんなをたしなめました。ヒロくんはその日から学校に来なくなり、それから二年後に川に落ちて亡くなったそうです。

六年生のときには、別の知的障害をもつコウくんという子どもと友達になりました。ある日、学校で研究授業が行われることになり、各地からたくさんの先生が集まってきました。

そんな場で、その子が暴れたら面倒だと思ったのでしょうか、先生が「安部、彼を連れて外で遊んでいてくれ」と命じました。先生は何気なく私を指名したのかもしれませんが、すでに私にハンディキャップをもつ人たちへの対応力のようなものを感じていたのでしょう。そのころの私は、大人からそういう子どもだと見られていたということです。

戦後の混乱が次第に収まり、私は伯父の援助で高校生になりました。当時は高校に進学する生徒は全体の半分くらいしかいませんでしたが、将来親の面倒を見るという条件で伯父が学費を出してくれたのです。私の四歳上の姉は、内緒で受験して合格していたのですが、行かせてもらえませんでした。

私の高校には普通科と実業科がありました。普通科は大学進学や就職を目指す人たちのコース、実業科は農業や畜産など家業を継ぐためのコースです。両者はあまり仲がよくなく、特に毎年の運動会の応援を巡って、実業科が普通科の生徒をいじめることが恒例になっていました。

応援の練習にかこつけて、実業科の上級生が普通科の下級生をいびるのです。私は一年、二年のときにその光景を見ていてなんとかしようと思い、三年生の時に応援団に入ってその風習をやめさせました。普通科初の副団長でしたが、普通科を目の仇にしていた実業科の同級生たちを相手に一人で論戦を挑み、理詰めで説得したのです。

このときの体験が、その後に問題のある子どもに向き合うときに大いに役立ちました。

失恋を契機に人間を学ぶ

高校卒業後は島根大学の教育学部に進学しました。伯父が前から口にしていた「教員か公務員」への道を歩むためです。一家の面倒を見てくれている伯父の言いつけには逆らうことができません。

私は大学に通うため、家を出て松江で下宿生活を始めました。大学には学生寮もありましたが、そちらは選びませんでした。人間関係がわずらわしそうだったのと、飲み会などに誘われても金がないので付き合えないからです。

そのころ、私はある女性と文通するようになりました。返事が来るのが待ち遠しく、来ると夢中になって返事を書きました。しかし、そのうちに失恋。友達として対応してくれていた彼女の気持ちにまったく気づかず、勝手に舞い上がって相手を困らせていたのでした。

そのショックから立ち直るために、私は心理学と哲学の勉強に没頭しました。もっと人間の心理を勉強して、豊かな人間になろうと思ったからです。

伯父の言いつけである「教員か公務員」への道を選ぶために、教育実習なども経験しましたが、そのうちに自分が教員に向いていないのではないかと考えるようになりました。そして少年鑑別所や刑務所、児童相談所などを見学すると、そちらの仕事に興味が湧いてきたのです。

ちょうど私が卒業するころ、島根県立保育専門学院という短期大学に併設された保育士の専門学校で、助手のポストに空きができました。大学の教授から勧められて、私はその仕事を始めることになりました。同時に、人手が足りず、心理学を専攻した私を欲しがっていた児童相談所も兼任することになりました。

そして一年半後、保育専門学院が短期大学になるときに、私は児童相談所の専任となりました。私には子どもたちを支援したいという思いが強く、児童相談所の心理判定員のほうが自分の経験や専攻をより生かせると考えたからです。

第二部　児童相談所勤務時代

体当たりのカウンセリング

一九六三年、私は出雲児童相談所での勤務を皮切りに、長い児童相談所勤務の経歴をスタートしました。とはいうものの、二十代の新米心理判定員である私には仕事に対する自信などあるわけもなく、不安でいっぱいの毎日でした。

ちなみに、島根県には児童相談所が四か所あり、私はそのすべてに二回ずつ勤務しています。その四か所とは、松江、出雲、浜田、益田ですが、一番長くいたのは益田でした。

全国の児童相談所に共通しているのは、県庁所在地にある児童相談所に「中央」の文字がつくことです。島根県では松江が「島根県中央児童相談所」と呼ばれていました。

駆け出しの頃に担当した印象深い事例は、不登校の高校生男子です。実際には優秀な子だったのですが、受験か何かが原因で神経症になり、抑うつ傾向から不登校になってしまい、人と話ができないということで相談を受けました。

学級委員をやっても、「気をつけ、礼」と声を発することができないというのです。私も問題のある子どもと関わるのは初めてですから、とにかく彼の話を真剣に聞いて、必死に考えて付き合いをしました。今から考えても、とても専門的なカウンセリングうんぬんではなくて、兄貴と弟みたいな付き合いだったと思います。

しかし、それが結果的には良かったのでしょう。やがて彼は学校に復帰して、声も出せるようになりました。卒業して本人からもお礼を言われました。

もう一人、よく覚えているのは、みんなの輪の中に入れなくて落ち込んでいた女子高生です。私は悩める彼女の話をとにかく聞きました。学校ではみんなの中で話ができないのですが、児童相談所で私と相対した時には自分の内面が出せるのです。私がそれに必死で寄り添いました。

私のカウンセリングは、そんな体当たりのスタイルでした。そんな形でカウンセリングを生で経験させてもらい、彼らにカウンセラーとして育てられたという意識があります。

小学生と父親の父子家庭も担当しました。父親のＤＶで母親が家を出てしまい、行方がわかりません。父親の飲酒による暴力で、子どもが警察に助けを求めたというケースです。

児童相談所で子どもを保護したのですが、父親が「子どもを返せ」と相談所に怒鳴り込んできました。

「返せ」「返せない」と押し問答した末に、「返さないなら会わせろ」と言われ、スタッフが付き添って面会させせました。

すると父親は子どもに手をついて「帰ってきてくれ」と頼むのです。後日、その子は帰宅することになりましたが、しばらくの間、暴力等が再発しないかどうかフォローしました。

今の時代は虐待とかＤＶがよく知られるようになりましたが、当時からもそういうことはありました。数は少なかったかもしれませんが、やはり虐待やＤＶの犠牲者になるのは子どもなど弱い立場の人たちです。特に子どもにとってはダメージが大きく未来に尾をひきます。

松江には所長が二人いる

出雲の後、私は松江の児童相談所に移りました。そこでの強烈な思い出は、とても厳しい上司の存在です。どういう人かというと、面接では、「肝心なことをちゃんと聞け」「相手はそれでやる気になるのか」など、核になるところをつかれているだろうけど、それがわかりませんから、問うものなら「バカタレ！　自分で考えれ！」と事務室を騒がす怒鳴り声が飛びます。また、その人は課長だったのですが、所長を飛び越して県の部長さんにも平気で怒鳴り込むような態度で、「松江には所長が二人いる」などと噂されていました。

私はこの上司から、「本気の姿勢」を教わりました。親や子どもと相対したときに、「本気になる」とはどういうことなのかを目の当たりにして勉強させてもらったのです。


自分が貧乏で学校に行けなかったため、息子に思いを託したいということで子どもに勉強を厳しく押しつけた結果、虐待になってしまった保護者がいました。そのために子どもは非行に走るようになり、地域でも学校でも問題になって、「施設に入れてくれ」という動きが出ました。親は周囲への顔向けのため渋々児童相談所での保護に了承しましたが、一週間すると親は、「こんなところに預けられん、子どもを連れて帰る」とやって来ました。そこで私の上司が前面に出て、その親に立ち向かいました。

「あんたはそれで子どもが育てられるのか」

「うるさい。自分が育てるんだ」

という白熱したやり取りがあって、最後は売り言葉に買い言葉になって、

「じゃあ児童相談所でどこまでできるかやってみろ」

みたいなことになりました。

上司は何とかその子を立ち直らせようと、私たち若いスタッフに体験を積ませながら、子どもと関わっていきました。そんな中で、私には上司の熱い思いがひしひしと伝わってきました。

その子は走るのが好きで、私たちと一緒によく走っていました。私たちがその子の走る能力に気づいて伸ばしてやっているうちに、その子は立ち直り、学校の長距離競走でトップになりました。

それが自信に繋がって勉強も頑張るようになり、ついに公立の高校に入学することができました。問題の父親はその結果を見て反省し、相談所に頭を下げにやってきました。

その厳しい上司ですが、厳しいときは厳しかったものの、貧困層の本当に困っている人や障がい者、高齢者などのいわゆる弱者に対する思い入れは、非常に強かったですね。その姿勢から、私は多くのことを学びました。

じつは、私の仲人はその上司です。

初めての読書

児童相談所での経験を重ね四〇歳を過ぎると、それなりに心にゆとりがもて、相手を見るとはどういうことなのかが、何となくわかるようになってきました。時より世の中学校での校内暴力など荒れた状況がよく新聞記事になるようになった頃、県西部へ転勤になりました。島根県は東西に長く、東の出雲地方と西の石見《いわみ》地方とは、おくゆかしい出雲に対し、がさつな石見といわれ、ことばや風習などにも違いがあります。ここで問題の生徒に出会いました。授業をボイコットして校内をぶらぶら歩いては、爆竹を鳴らして授業妨害をするような生徒です。いつも二、三人の子分を連れて歩いて親分みたいにしていました。

校長先生が相手をしてやったりしていましたが、生徒指導の先生が「学校は勉強をするために来るところなんだから、そこまで勉強が嫌だったら児童相談所に行け」と言ったのです。すると彼は、「おう、相談所に行ってやる」と返事をして児童相談所にやって来ました。

彼の家庭は母子家庭でしたが、母親のところにしじゅう男がやって来るような家庭環境でしたから、居場所がないフラストレーションから、学校で虞犯的な行動に走っていたことが推測できました。

児童相談所では心理検査などをやりますが、彼は心理検査の結果が知りたいと言います。それでフィードバックしてやると、真剣に聞いています。そういう素直さがある半面、自主学習の時間は椅子に座らずに机に座ったりしています。

あるとき、「何か本でも読んでやろうか」と私が言ったら、彼は乗ってきました。相談所の書庫にある本の中から選ばせると、彼が選んだのは『十五少年漂流記』でした。

「どこでそんな本を知ったのか」と聞いたら、「ビデオでちょっと見たらなんか面白そうだった」と言います。

それじゃあということで、面白そうなページをめくって、三十分ばかり読んでやりました。しかしそんな短時間で全部が読めるはずはありません。

「残りは明日読んでやるよ」

「うん、わかった」

と読書の時間は終わりましたが、彼はそのとき、机に腰掛けずに椅子にちゃんと座り、頬杖をしながら聞いていました。

私はその様子に彼の本気さを感じました。

次の日、「約束だから続きを読んでやる」と私が言うと、彼はニコニコしています。

「どうしたんだ」と聞いたら、

「あれ、全部読んじゃった」

と言うではありませんか。これには驚きました。


今まで活字を読んだこともない子どもが、自発的に本を一冊読んだのです。おそらくそれは初めてのことでしょう。

そのとき私は、家庭的な問題やいろいろな障害があっても、何か本物に触れることで、子どもの本気さが出てくるということを知りました。これはとても大切な体験だったと思います。

ランプの家と座敷牢

益田に移ったのは一九七五年（昭和五十年）のことです。私の児童相談所生活では益田勤務が一番長かったのですが、ここでもいろいろなことがありました。

その前年の一九七四年に、障害者福祉における大きな動きがありました。「障害児全員就学（一九七九年）のための試行五年間」がスタートしたのです。障害児福祉・障害児教育に国がやっと動き出したということです。

当時、島根県の児童相談所には一時的に精神薄弱者更生相談所が併設され、私は両方を兼務することになりました。とにかくスタッフが少なかったからです。

そこで始めたのが、在宅の重症心身障害者の調査です。全員就学の基礎調査に併せ、年金や特別手当を支給するためのデータを取る必要があるからです。

私は地域の保健師、精神科医と一緒に、担当エリアの家庭訪問をしました。町中だけでなく、マムシの出そうな道なき道を分け入って野中の一軒家を訪ねたら、昭和五十年にランプ生活をしている家だったり、障害児が家の恥だからと、座敷牢のようなところに閉じ込めている家などがありました。

そういう家庭を訪ねて人々の思いに寄り添い、ひたすら話を聞くうちに、いわゆる底辺層の人たちがどういうニーズをもっているかを経験的に知ることができるようになりました。

「あんたも苦労してきたんだね」

今でも私の記憶に強く残っている子どもたちは、貧困家庭でネグレクトされて不登校になっているケースが多かった気がします。特に親にやる気がなくて子どもを放任しているケースでは、親との対話で苦労させせられました。

ある父子家庭の場合は、父親のＤＶによる母親の家出と、内臓疾患を訴える父親が働かないため、貧困状態になっていました。しかもこの父親は攻撃的な性格でヤクザ的な態度をとるので、地域社会から敬遠疎外されていました。

子どもは父親の暴力にさらされているためか、おどおどした態度で、成績もふるいません。学校も地域も養護施設に入れることが望ましいと思っているのですが、父親が怖くて言い出せない状況でした。

そして最後にお鉢が回ってきたのが児童相談所です。私が出かけて行ってその父親に対面すると、父親はビール瓶を振りかざして私を威嚇します。私は内心、とても怖くてびびりましたが、表面的には空元気を出して一歩も引かずに対峙しました。睨み合いの後で私は「今日は話にならんから、また来るわ」

と言って帰りました。

それから何度も訪問しては怒鳴られることを繰り返しましたが、次第に相手に対する関わり方がわかってきました。この父親は、弱い自分を世間に曝すことができず、無理して虚勢を張っているのでした。だから私は「あんたも苦労してきたんだね」と相手に寄り添う姿勢を見せました。それから「子どもに勉強できる環境を作ってやったら、いつかお父さんに感謝するようになる」と説得に努めました。

その甲斐あって、ついにその父親は「じゃあ、お前に任すか。しょうがない」と言い、子どもを養護施設に預けることに同意してくれました。強がっている自分を見抜き、理解してくれたと感じて心を開いてくれたのです。

「なんでそんなことまでわかるんだ」と、その父親が私に尋ねたとき、私はこう言いました。

「私はそのための仕事をしているからね」と。

「先生、私結婚する」

親から放任されている子どもは、なかなか「朝起きたら学校に行く」という習慣を身に付けることができません。ある女の子はその日の気分で学校に行くか行かないかを決めるような生活を送っていました。

親の能力が低く、やる気がないために生活自体が貧困で、子どもの教育に目が行かないという典型的なケースでした。そこで私は学校の先生と交代でその子の家を訪問し、学校に行くように勧めました。ネグレクトは親から子へと連鎖します。それを断ち切るためには、レールから外れてしまった車輪をどこかで戻してやる必要があります。

幸い、その子は学校に通うようになり、文化的な生活を体験することができました。そしてその子が卒業して何年かたったあるとき、私のところに電話をしてきました。

「先生、私結婚する」というのです。

「お前、何歳になったんや」と私が聞くと、「十七歳」と答えます。いわゆる「できちゃった婚」のようです。
「お母ちゃんにちゃんと話したんか」と聞くと、「お母さん、いいと言った」と言います。相手の親にも会ったそうです。それなら、もう私が何か言うことはありません。

それからしばらくして、その子から電話がありました。「益田の産院で赤ちゃんを産んだ」というのです。私はすぐにその病院に駆けつけました。ネグレクトの連鎖を止めるためです。

私は産院に行くと、その子に「すぐに赤ちゃんを抱きなさい」と言いました。赤ちゃんを抱くくせをつけて、子どもへの愛情を覚えさせようと思ったのです。赤ちゃんを抱っこすることでいわゆる愛情ホルモンといわれるオキシトシン分泌が促進されるといわれるのです。それから毎日のように産院を訪問しては、もう大丈夫と思えるまで、赤ちゃんを抱っこするように言いました。

産院に通ううちに気がついたことがあります。赤ちゃんの産着が充分にないのです。ネグレクトの家庭で育ったために、子育ての準備が充分にできていないのでした。そこで私は民生委員さんにお願いして、赤ちゃんの服をあちこちから集めてもらいました。

それをただ渡しても、おそらく満足に管理することはできないでしょう。そう思ったので、赤ちゃんの服は私の家で管理して、必要があるつど、持って行くようにしていました。

私は臨床心理士で、ケースワーカーではありません。本来、こういう仕事はケースワーカーのすべきことです。しかし私のいた児童相談所には充分な数のスタッフがおらず、私がケースワーカーを兼ねることがよくありました。

一人二役のメリット

じつは、私が最も長く在籍した益田児童相談所は、全国で一、二を争う小規模相談所でした。もともとスタッフが少ないことに加えて、単身赴任者が多く、週末になると松江や出雲の自宅に帰ってしまい、緊急対応ができないという問題がありました。

そこで本来は臨床心理士である私が、ケースワーカーも務めるという一人二役を強いられたわけです。

臨床心理士は子どもの心理検査や面接をし、それを参考にケースワーカーが保護者に対応するというのが本来の役割分担ですが、私は多くの場面でその両方をやることになりました。およそ三分の二くらいの状況で、一人二役であったと思います。

ただし、そこには大きなメリットもあります。役割を分担していると、どうしても伝わらない情報が出てきますが、一人二役ならその心配がないからです。また、子どもとの面接や心理検査からの所見がどれ程役立つか検証も可能です。それは私にとって、とても大きな経験になりました。

第三部　スクールカウンセラーの日々

小学生の心の声

一九九九年、六十歳になったときに私は児童相談所を退職し、島根県教育委員会の嘱託スクールカウンセラーとして仕事を続けることになりました。

スクールカウンセラーとは、教育機関において心理相談業務に従事する心理職専門家のことです。略称は「ＳＣ」で、「学校カウンセラー」と呼ばれることもあります。隣接する職種としてスクールアドバイザー「ＳＡ」やスクールソーシャルワーカー「ＳＳＷ」という仕事もあります。

私がスクールカウンセラーとして子どもたちに接した中で、印象に残った会話をいくつか書き出してみます。

・小学校三年生の女の子二人

ある日、校内の相談室に「吹けるようになったから、聞いて」と縦笛を持った女の子が二人やってきました。そして揃って曲を演奏します。とても息の合ったいい演奏でした。そのように感想を述べ、「先生に話していい？」と問うと、二人はうなずいて嬉しそうに帰っていきました。

すぐに彼女たちの担任の先生に報告すると、

「あの子たちはできる子なので相手をしなかったんです。まずかったですね。どの子たちも対応を求めているんですね」

ということでした。

・小学校四年生
その子は相談室で、祖母との生活についてあれこれ話してくれました。最後に、

「ああいっぱい話した。今度、いつ来る？」

と聞いてくれました。

その後私は転勤でその学校を離れましたが、あるとき、町でその子とばったり会いました。

「アベちゃん、学校辞めたの？　来年帰ってきてよ」

と言われたときには、何とも嬉しい気持ちになったものです。

・小学校三年生
その子に私が「神様が願いを三つ叶えてくれるとしたら、何を頼む？」と聞くと、

「一番目がお金、百万円。次が子ども部屋とゲーム」

という答えです。

「お金がたくさんあれば、子ども部屋もゲームも買えるんじゃないの？」

と私が言うと、「あ、そうか」と。

「子ども部屋で何をするの？」

という質問には、「友だちを呼んで遊ぶ」との答えでした。

この子は母親が死亡して父子家庭となり、転校してきた子どもでした。後日再面接したところ、「この前の続きがいい。おもしろかった」と言ってくれました。

・小学校五年生

その子は私を相談室の片隅に呼び、クラスメイトから「五百円出せ」と脅されていると言いました。先生や他の人に話したら、彼女のことをばらすと言われているのだそうです。

でも話しているうちに落ち着いたのか、「このまま知らん顔してみる。催促されたら、今五百円持ってないと言う」と自分で答えを出しました。

子どもたちはみな、話や思いをゆっくり聞いてほしいのです。本当は担任の先生がいいのでしょうが、担任の先生は机上の仕事が多すぎて、子どもたちと向き合う時間がありません。本来、小学校教育の段階では、担任の先生が子どもたちに寄り添い、彼らをまるごと把握しながら、安心感や安定性を図っていくべきだと思います。

中高生の矛盾と葛藤

中高生になると、親や教師に対する批判的な目が育ってきますが、「それが社会だ」と思う一方で、納得できない矛盾や葛藤を抱きながら成長するものです。そうした思いや感情を表出しても受容してくれる、依存できる大人がいることが大事です。そうした存在が彼らの大きな支えとなるものです。

・中学三年生

下校時に相談室に来て「帰りたくない」と言う子がいました。朝、母親と喧嘩をしていて、「遅れるから」と途中で家を飛び出してきたのだそうです。家に帰ったら喧嘩の続きになるのではないかと心配な様子です。

後日、その子が来て、

「帰ったら、何も言われなかった。今はふつう」

と、報告してくれました。

・中学二年生の二人

いきなり相談室に飛び込んできた二人は、「何かない？」と部屋を見回し、広告の紙を見つけると「これいい？」と言ってそれを手に取りました。

どうするのかと見ていると、くしゃくしゃに丸めてゴミ箱に投げ込むのです。

「ああ腹立つ」と言いながら、出ていきました。先生に一方的に注意されたのでしょうね。

・高校一年生

茶髪にピアスで教師から注意指導を受けていたその子は、家庭でも深夜に帰宅するなどの問題行動があり、親が困って相談室に連れて来ました。

親が先生から聞いた話しによると点数不足や欠席日数で進級が怪しい状態でしたので、そのことを本人に話したところ、「やばいね。卒業はしたい」と言います。将来の自分を想像してみることを促したところ、このままではいけないと思ったのでしょう。その後、専門学校に進学することができました。

後日、母親がその子の部屋をかたづけたところ、母が毎日のように姿のない夕食時に添えていたメモを大切に保管されていたのが見つかりました。母の気持ちはちゃんと通じていたのです。

第四部　地域などでの関わりから

ひふみ会

浜田児相時代の忘れられない思い出は、ある商店主が起こした行動から生まれた「ひふみ会」という父親の会です。

その商店主は、学校をサボって毎日町をぶらぶらしている子どもたちを見て、何とかしなくちゃいけないと感じていました。そして、ある少年に「お前、うちに来い」と声をかけて自分の店でアルバイトをさせたのです。仕事の合間にはお茶を飲んだりお菓子を食べたりしていろいろと雑談をします。そのうちにその子は心を開くようになり、「おもしろいおっちゃんがおる」と仲間たちに紹介するようになりました。そのため、その店には不登校の子どもたちが集まるようになりました。

さすがに大勢が集まるようになると、個人店では手に負えません。あるとき、その店主が児童相談所に相談に来ました。児童相談所として、何かやってくれないかというのです。

そこで私は、「児童相談所が主体になって何かすることはできないが、応援するのでできることをやってみよう」と返事をしました。

それからその店主は、知人に声かけをしたりして、仲間を集めました。そこから生まれたアイデアが、シングルファーザーが子育ての事を相談できる会「ひふみ会」です。「ひふみ」というのは、浜田の町にある一中から三中までの中学校の一二三を意味しています。本当は四中もあるのですが、町から外れていたので一中から三中のエリアとしました。

子どもの行動が問題になっている親というものは、保護者会にも来ない、世間に対して背中を向けている人が少なくありません。そういう人はたいてい、役所や学校といった公の施設の上から目線で何かを言われることに反発します。そこで、仲間を集めて底辺から父親の会を作ろうと考えたわけです。

もちろん、問題が起きているのはシングルファーザーの家庭だけではありません。シングルマザーの家もあるということで、ひふみ会には母親も参加していいことになりました。そして、友だちから友だちへと輪が拡がっていき、親子ソフトボール大会や、親子バーベキュー大会などの催しが開かれるようになり、さらに、中央から講師を招いて盛大に講演会の開催へと発展しました。

そんなことがあったので、私が浜田の町を歩いていると、コンビニの前でひざを抱えて座り込んでいるような当時の虞犯少年が、「おい、安部、元気か」などと声をかけてきます。私が「久しぶりだな。お前こそ元気か」と返事をすると、「ああ、元気だぞ」と答えてきます。在学中は私の姿を見かけると、すぐに逃げていったような子どもが、まるで古い知人に会ったような応対をする。不登校でいながらも、落ち着いたということなのでしょう。

花火大会と妻の思い出

官舎生活をしていたころの話です。前の年の夏休み最後のころに、各家庭に残っていた花火を持ち寄り、一斉に打ち上げたのが楽しかったらしく、子どもたちが「今年もやって」とせがんできました。「ウチのおねえちゃんは中学生だから、こんどはみんなでやろうね。おばさん応援するよ」すると、小学生の姉妹は、喜々としてポスター作りを始めました。妻は、近所のお母さん方に協力の根回しです。子どもだけでは危ないから「火をつける人は、〇〇ちゃんのお父さん」など姉妹が頼んで歩きました。こうして、官舎の十六世帯全員参加で花火大会を催しました。

また同じく夏休み中の話ですが、私が古農家の空き家に転居したとき、そこでキャンプ合宿をやったことがあります。近所の子ども、官舎の子ども、転出した子どもたちが合計十三人集まって、我が家とテントで宿泊しました。庭にかまどを作って、飯盒でご飯を炊き、カレー鍋をみんなで食べました。

私とともに子どもたちに寄り添い、「アベおばさん」と親しまれていた妻ですが、残念なことに私が児相現職中にガンで死去しました。

おわりに

人間が生まれてから順調に育っていくためには、周囲にサポートしてくれる人的・物的環境が整っている必要があります。特に離乳期までの間には充実した母子関係がきちんと形成され、愛着関係の基礎がしっかりと培われることが大切です。

そのことが、年齢が長じて思春期の危機、あるいは成人してからの社会的危機に遭遇した際に、人に対する信頼感として危機を乗り越える大きな力となります。人間は、一人では生きていけないのです。

心理学者のA・H・マズローはみずから提唱した人間性心理学の中で「欲求階層説」を主張しました。人間の基本的欲求は「生理的欲求」「安全・安心の欲求」「依存・愛情・社会的欲求」「是認・自己肯定の欲求」「自己実現の欲求」の五階層に分けることができ、後になるほど高次の欲求になるというものです。

これは本来は人間が成長発達していく過程でのことですが、災害や事故に遭遇しての回復過程でも、あるいは心身の傷病から快方に向かう過程でも共通していると考えられます。たとえ幼少期に不適切な環境を過し、未成熟な愛着関係であっても、その子（人）に対し時間をかけてしっかり寄り添った関わりがなされると好転していきます。私は児童養護施設や医療機関での仕事にも携わらせてもらっていますが、このことを実感します。そうした過程が順調に保障されるように、経済的・社会的な公的サポートや保育士や教師らスタッフの定数改善など行政的施策が求められると思います。日本も批准している子どもの権利条約には『子どもに関するすべての措置に当たっては、子どもの最善の利益が主として考慮されるものとする」と規定されています。

みずから助けを求めることのできる人に対しては、周囲は相応に手をさしのべてくれますが、助けを求めることに気づかない人、気づいてもためらう人、他人の介入を拒否する人たちへのサポートは、簡単なことではありません。

私は人生の大半を、そうした人たちへのサポートに捧げてきました。そして痛感したことは、地域サポートのネットの大切さです。そして、それを有効に機能させるための一番の条件は、普段から人とのつながりを大切にしておくことです。

本書が世の中から一人でも多くの恵まれない人を減らすのに役立つことを願いつつ、筆を置きます。

著者

著者略歴

安部　利一（あべ・りいち）
１９３９年、島根県仁多郡奥出雲町横田にて出生
１９６１年、島根大学教育学部卒業。島根県立保育専門学院助手
１９６３年、島根県出雲児童相談所勤務
以降県内各児童相談所を歴任、１９９９年、退職
現在、島根県教育委員会嘱託スクールカウンセラー
医療法人「松ヶ丘病院」非常勤
「おちハートクリニック」非常勤
「島根県立石見高等看護学院」非常勤講師
臨床心理士、公認心理師
島根県益田市在住

著書

『「ああ、そうか」と気づく「子育てＱ＆Ａ」―乳幼児期・学童期50例集』　文芸社ビジュアルアート
『「ああ、そうか」と気づく「子育てＱ＆Ａ」―思春期・青年期50例集』　文芸社ビジュアルアート

『あっ、そうか！　気づきの子育てＱ＆Ａ：総合版』　文芸社
『あっ、そうか！　気づきの子育てＱ＆Ａ：総合版』　22世紀アート（電子書籍版）
『こころの目の生い立ち　ある臨床心理士の歩み』　文芸社

夜をあゆむ

聞いて、悩んで、児童に寄り添った60年

2022年9月23日発行

著　者　安部利一

発行者　向田翔一

発行所　株式会社22世紀アート
〒103-0007
東京都中央区日本橋浜町3-23-1-5F
電話　03-5941-9774
Email: info@22art.net　ホームページ：www.22art.net

発売元　株式会社日興企画
〒104-0032
東京都中央区八丁堀4-11-10 第2SSビル 6F
電話　03-6262-8125
Email: support@nikko-kikaku.com
ホームページ：https://nikko-kikaku.com/

印刷
製本
株式会社PUBFUN

ISBN：978-4-88877-121-4